DE BENGELS

IN EEN TENT

AVI 5

CIP-gegevens Koninklijke Bibliotheek, Den Haag

van de Coolwijk, Marion

De Bengels deel 4: De Bengels in een tent / Marion van de Coolwijk
Internet: www.eekhoorn.com
Illustraties: Linda Lee
Vormgeving: Bureau Maes & Zeijlstra, Oosterbeek

Printed in India on woodfree paper

ISBN 978-90-454-1121-7 / NUR 282

DE BENGELS IN EEN TENT

Marion van de Coolwijk

Met tekeningen van
Linda Lee

DE BENGELS

INHOUD

1	Op reis	9
2	Pistoolbrood	15
3	Een eigen tent	21
4	Gemeen!	27
5	Daan is weg	33
6	Nog een laatste kans	39
7	Gevangen	45
8	De geheime hut	50

1 OP REIS

'Wacht even,' roept Zilver tegen haar moeder.
'Ik ben nog wat vergeten!'
Snel rent Zilver de trap weer op.
'Schiet nou op,' zegt haar moeder. 'Papa, Daan en kleine Eva zitten al in de auto.'
'Ben zo terug,' roept Zilver.
Ze stuift haar kamer in.
'Waar heb ik aap nu gelaten?' mompelt ze.
'Daarnet lag hij nog op mijn kussen.'
Zilver kijkt om zich heen, maar ze ziet haar knuffelaap niet.

'Aap moet mee,' denkt ze. 'Zonder aap kan ik niet op vakantie.'
Er klinkt getoeter. Papa wordt ongeduldig.
'Zilver!' hoort ze haar moeder roepen. 'Nu komen!'
Zilver voelt haar ogen nat worden. 'Waar is aap nu,' snikt ze. Dan ziet ze aap. Een klein bruin stukje staart steekt onder haar kussen vandaan.
'Aap!' roept Zilver blij. 'Je hebt je verstopt onder mijn kussen. Stoute aap!'
Snel grist ze aap onder haar kussen vandaan.
Ze rent naar beneden.
'Daar ben ik,' lacht ze. 'We kunnen.'

Zilver rent naar buiten. Mama doet de voordeur van het huis op slot.
'Zijn alle ramen dicht?' vraagt papa.
Hij zwaait het portier open. 'Stap in.'
Mama knikt en loopt naar de auto.
'Alle ramen zijn dicht. De stekkers zijn uit het stopcontact. De buurvrouw heeft de sleutel van ons huis. Pff... ik geloof dat nu alles geregeld is. Heb jij de papieren?'

Papa knikt. 'Paspoorten, rijbewijs, camping-bewijs...'
Zilver zit al naast Daan op de achterbank. Mama stapt nu ook in. Ze maakt haar autogordel vast.
'Dan kunnen we rijden. Ik ben moe van al dat inpakken, maar ik heb er zin in. Nu maar hopen dat het mooi weer is.'
'Tuurlijk,' roept papa vrolijk. 'Dat heb ik allemaal geregeld.'
Zilver lacht. 'Hoe kan dat nou? Je kunt mooi weer toch niet regelen?'
'Ik wel,' antwoordt papa. 'Die mevrouw van het reisbureau zou voor mooi weer zorgen. Dat heeft ze mij beloofd.'
Zilver trekt een raar gezicht naar Daan. Papa maakt weer grapjes.

Papa start de motor van de auto en daar gaan ze. Naar Frankrijk.
Twee weken lang gaan ze samen kamperen op een camping. In Frankrijk.
Daan en Zilver kunnen bijna niet wachten tot ze er zijn. Ze zijn nog nooit in Frankrijk geweest.

Frankrijk is ver, heeft papa gezegd. Ze moeten eerst nog heel lang rijden.

Kleine Eva slaapt. Zilver en Daan kijken uit het raam. Ze kennen deze weg wel.
'Zo gaan we ook altijd naar oma,' roept Daan.
Papa knikt. 'Ja, dat klopt. Maar nu gaan we niet naar oma. We gaan naar Frankrijk. En dat is nog veel verder. Let maar op.'
Na een uur rijden, gaat Daan wiebelen. Zijn billen prikkelen.
'Zijn we er al?' vraagt hij.
Mama schudt haar hoofd. 'Nee, Daan. Ik heb verteld dat we de hele dag moeten rijden. Frankrijk is ver. Heel ver. En jullie hebben iets beloofd, toch?'
Daan buigt zijn hoofd. 'Ik heb dorst,' zegt hij.
Zilver geeft haar broer een stomp. 'Stil nou,' sist ze. Maar Daan steekt zijn tong uit.
'Waarom?'
'Daarom!'
Daan schuift ongeduldig heen en weer. Hij wil uit de auto. Zijn benen doen zeer. Hij verveelt zich.

'Mag ik een snoepje?' vraagt hij.
Mama draait zich om. 'Daan, nu moet je niet gaan zeuren. We gaan zo op een parkeerplaats even stoppen. Daar mag je er even uit en je krijgt ook wat te drinken.'
'Maar ik wil er nu uit.' Daan bonkt tegen de leuning naar achteren. 'Rijden is saai.'
De strenge blik van mama doet hem zwijgen. Oei, nu is mama boos.
'Oké,' zucht hij. Daan slaat zijn armen over elkaar en zwijgt. Hij kijkt uit het zijraam naar buiten. Hij ziet weilanden met koeien. En hij

ziet borden met letters. Hij kan de woorden gewoon lezen.
'Koophuizen,' leest hij hardop. Ze zijn nog steeds in Nederland. Hij moet nog even geduld hebben.

2 Pistoolbrood

Daan schrikt wakker. 'Eh... waar ben ik?'
Daan wrijft in zijn ogen. Hij zit in de auto. Naast hem kraait kleine Eva. Ze maait met haar armpjes heen en weer.
Dan weet Daan het weer. Ze gaan op vakantie. Naar Frankrijk.
Daan kijkt naar Zilver. Ze slaapt.
Dan kijkt Daan naar buiten. Ze rijden op een snelweg. De weg is heel breed. Wel drie banen. Langs de weg ziet Daan bomen.
Zouden ze al in Frankrijk zijn?

Papa gaat langzamer rijden. Daan buigt voorover en kijkt tussen de voorstoelen door. Hij ziet allemaal hokjes op de weg. Hokjes en slagbomen. Bij ieder hokje staat een rij auto's. Papa stuurt de auto naar een van de rijen. Nu staan ze achteraan. Langzaam komen ze dichterbij het hokje. Er zit een mevrouw in het hokje.
'Wat doet die mevrouw?' vraagt Daan.

Zilver wordt wakker. Ze kijkt om zich heen.
'Eh... waar zijn we?'
Papa wijst op de slagboom. 'Dit is een tolweg. Tol betekent dat je moet betalen. Ieder auto moet betalen om over de tolweg te rijden. In Frankrijk hebben ze tolwegen.'
'Wat raar,' zegt Daan. 'Hebben ze dan geen geld genoeg om wegen te bouwen?'
Papa lacht. 'Jawel, hoor. Maar een tolweg is een brede snelweg. Je kunt daar lekker doorrijden. Dat is fijn als je snel wilt reizen.'
'Zoals wij,' roept Zilver. 'Wij willen snel naar de camping.'

Ze komen bij het hokje. Papa geeft de mevrouw wat geld. Dan gaat de slagboom open. Ze mogen doorrijden. Papa geeft flink gas. Ze stuiven over de weg.
'Kijk maar of je een bordje met de letter P ziet,' zegt mama. 'Dan gaan we daar even parkeren.'
'De P van parkeren,' roept Daan. 'En de p van pauze.'
'De P van plassen,' lacht Zilver. 'Ik moet heel nodig.'

'De P van patat,' zegt Daan nu. 'Ik heb honger.'
Papa wrijft over zijn buik. 'Ik ook.'
Mama lacht. 'Dan wordt het de P van pistoletjes.'
'Pisto... wat?' roept Daan.
'Broodjes,' legt mama uit. 'Een pistoletje is een broodje. Het is een Frans woord.'
'O leuk,' roept Zilver. 'We gaan Franse woordjes leren.'
'Ik lust geen pistoletjes,' bromt Daan. 'Ik wil gewoon brood.'

'Het is gewoon brood,' zegt mama. 'Frans brood.'
'Dat lust ik niet,' moppert Daan verder.

Papa wordt boos. 'Nu moet je niet zeuren, Daan. We zijn in Frankrijk, dus eet je Franse dingen.'
Daan zwijgt.

Even later rijden ze de parkeerplaats op. Er is een restaurant.
'Franse dingen zijn heel lekker,' legt mama uit. 'Je lust toch mayonaise?'
Daan knikt. Dat lust hij wel.
'Nou, mayonaise is een Frans woord en friet ook.'
'En ketchup?' vraagt Daan.
'Nee, ketchup is een Engels woord.'
Daan zucht. 'Laat maar. Ik probeer het wel. Geef mij maar zo'n pistoolbrood.'
Papa lacht. 'Pistolet.'
'Ook goed,' bromt Daan. 'Als het maar brood is. Mag ik dan met pindakaas?'
'Dat hebben ze hier niet, schat,' zegt mama. 'Ze hebben hier kaas.'

'Fromage,' roept Zilver. Ze wijst op een foto van een broodje kaas.
'Kaas heet hier fromage.'
Daan haalt zijn schouders op. 'Mij best.

3 Een eigen tent

Laat in de middag komen ze bij de camping aan. Daan en Zilver zijn moe van de reis. Het is warm en ze hebben dorst.
'Kijk,' roept Daan. Hij wijst naar een groot bord langs de kant van de weg.
'Camping Soleil,' leest Zilver. 'Wat een gek woord.'
Mama legt het uit. 'Soleil betekent zon. We kamperen op camping de zon.'
'Dat lijkt mij een uitstekende camping,' lacht papa. 'Zie je wel dat die mevrouw van het

reisbureau gelijk had. Ze heeft de zon voor ons geregeld.'
Papa stopt de auto voor de slagboom.
'Ik loop wel naar de receptie,' zegt mama. 'Wacht hier maar even.'
Mama stapt uit de auto. Kleine Eva begint te huilen.
'Rustig maar,' sust Zilver. 'Mama komt zo terug.'

Even later is mama er weer.
'Ziezo,' zegt ze. 'Daar gaan we dan. We hebben tent nummer twaalf.'
De slagboom gaat open. Papa rijdt langzaam de camping op.
'Rechts af,' wijst mama.
Ze rijden langzaam over de camping. Daan en Zilver kijken hun ogen uit.
Ze zien tenten. Ze zien kinderen spelen. Ze zien een zwembad. Ze zien een speeltuin.
'Het is hier leuk,' roept Daan. Hij wijst naar de klimtoren. 'Daar wil ik wel heen.'
'We gaan eerst naar onze tent,' zegt mama.

'Tien... elf... twaalf!' roept mama. 'Hier is het.'

Papa parkeert de auto naast de grote tent.
Daan en Zilver stappen uit de auto.
'Ik ga naar de speeltuin,' roept Daan.
Papa schudt zijn hoofd. 'Geen sprake van.
Eerst ga jij helpen met uitpakken.'
Daan baalt. 'Moet dat?' vraagt hij.
Papa duwt een grote tas in zijn handen. 'Hier,
breng die maar naar de tent. Mama zegt wel
waar alles moet staan.'
Zilver haalt kleine Eva uit haar stoeltje.

'Ik let wel even op Eva,' zegt ze. 'Dan kunnen jullie uitpakken.'
Daan is het daar niet mee eens. 'Waarom moet ik sjouwen en jij niet?'
Papa slaat een arm om Daan heen. 'Omdat wij veel sterker zijn,' fluistert hij. Hij geeft Daan een knipoog.
Daan begrijpt het en sjouwt de tas de tent in.

Zilver laat Eva over het gras kruipen. Ze let goed op. Zilver mag niets in haar mond stoppen. Dat is gevaarlijk. Eva is nog een baby.
Eva kruipt naar de tent. Zilver kijkt om zich heen. Het is best leuk op de camping. Verderop staat nog een tent. Er zitten mensen voor de tent. Ze zwaaien. Zilver zwaait terug.
Wat gezellig.

Dan hoort ze gehuil. Eva!
Zilver draait zich om. Eva zit met haar hoofdje klem bij de tent. Een scheerlijn zit in haar nek.
Vlug haalt Zilver haar zusje bij de tent

vandaan. 'Kleine dondersteen,' zegt Zilver. Ze geeft Eva een kusje. 'Niet meer huilen,' fluistert ze.
Mama komt eraan.
'Gaat het?' vraagt ze.
Zilver knikt. 'Ja, hoor! Ik let goed op.'
Mama gaat de tent weer in. Zilver zet Eva weer in het gras. Ze gaat naast Eva zitten.
'Zullen we liedjes zingen?'
Zilver begint te zingen. Eva luistert en lacht. Ze vindt zingen leuk. Dat weet Zilver wel. Zilver zingt wel tien liedjes.

'Waar slapen wij?' vraagt Daan. Hij heeft zijn eigen tas uit de auto gehaald.
Papa wijst. 'Daar, achter de grote tent. Kijk maar.'
Daan loopt om de grote tent heen. Er staat een kleine tent.
'Gaaf,' roept hij.
'Zilver!' roept hij. 'Kom eens kijken?'
Zilver tilt Eva op en komt aangelopen. 'Is dat onze tent?'
Mama komt erbij. Ze neemt Eva van Zilver over. 'Ja, hier slapen jullie. Goed?'

Daan en Zilver knikken. Ze vinden het best spannend. En ook wel een beetje eng. Maar ze zeggen niets. Dat is niet stoer.
Daan doet de tent open.
'Er liggen twee matrassen,' roept hij. 'Moet daar onze slaapzak op?'
Mama knikt. 'Jullie slaapzak zit onder in de auto. Ga maar halen.'
Daan en Zilver rennen naar de auto.
'Durf jij in de tent te slapen?' vraagt Zilver.
'Ikke wel,' antwoordt Daan. 'En jij?'
'Ja, hoor,' zegt Zilver. Maar in haar buik zit een kriebel.

4 Gemeen!

Daan ritst de tent dicht.
'Ziezo. Onze tent is klaar. Zullen we nu naar de speeltuin gaan?'
Zilver kijkt naar papa en mama. Ze zijn nog druk bezig met uitpakken. Zilver loopt naar ze toe.
'Mam? Mogen Daan en ik even naar de speeltuin?'
Mama kijkt op. Ze knikt. 'Wel bij elkaar blijven!'
Daan en Zilver beloven het.

'Kom,' roept Daan. 'Wie er het eerste is.'
Ze rennen over het grote grasveld. De speeltuin is niet zo ver. Ze kunnen de glijbaan al zien.
Het is druk in de speeltuin. Er zijn al best veel kinderen.
Daan klimt meteen op de glijbaan. De trap is hoog.
Zilver blijft beneden staan. Ze wil eerst even kijken hoe Daan het doet.
Daan is bijna bovenaan. Er komt een jongen de trap op. De jongen wil er langs.
'Schiet eens op, joh!' zegt de jongen.
Daan steekt zijn tong uit.
'Je wacht maar even,' roept hij.
Daan gaat bovenaan de glijbaan zitten. Hij kijkt naar beneden. Oei, dat is best hoog. Daan ziet Zilver staan. Ze zwaait.
'Hup!' roept de jongen. Hij geeft Daan een duw.
'Glijden,' roept de jongen.
Daan roetsjt naar beneden. Hij geeft een gil. Dat is gemeen.
Daan valt in het zand. Hij is boos.
'Jij bent gemeen,' roept Daan. Ook Zilver

kijkt boos omhoog.
De jongen staat bovenaan de glijbaan. Alle kinderen in de speeltuin zijn stil. Ze kijken allemaal naar de jongen.

Er komt een meisje aan. Ze gaat naast Zilver staan.
'Die jongen heet Rob. Hij is stom! Hij plaagt kinderen.'
Zilver denkt na.
'We moeten hem een lesje leren.'
Een paar kinderen komen bij haar staan.
'Luister,' zegt Zilver. Ze fluistert wat. Alle kinderen lachen.
'Dat is een goed idee,' roept een meisje.

Rob zit bovenop de glijbaan. Hij lacht.
'Hier kom ik aan,' roept hij.
Dan ziet hij de kinderen. Ze staan onderaan de glijbaan. Ze kijken boos. Heel boos.
Rob blijft zitten. Hij glijdt niet.
'Ga eens weg daar!' roept Rob.
Maar de kinderen blijven staan.
'Kom dan, als je durft,' roept Daan. Hij maakt een vuist.
Rob is stil. Hij durft niet naar beneden.
'Net goed,' sist Daan. 'We blijven gewoon staan.'
'Blijf daar maar drie weken zitten,' roept Zilver.

Iedereen moet nu lachen.
Rob staat op. Hij loopt terug naar de trap.
Alle kinderen lopen nu naar de trap. Rob zit gevangen. Hij kan niet van de trap. En hij kan niet van de glijbaan.
'Ik wil naar beneden,' jammert Rob.
'Pech,' roept Daan. 'Dat kan niet.'
'Ik ga mijn vader roepen,' zegt Rob. 'Die is heel sterk.'
'Doe maar,' roept Zilver. 'Dan vertellen wij wat jij doet.'
Rob kijkt sip. 'Dit is niet eerlijk.'
Hij begint te huilen. Een paar kinderen moeten lachen.
'Net goed,' zegt een jongen.
Zilver klimt de trap op.
'Luister,' zegt ze. 'Je mag naar beneden. Maar dan moet je iets beloven.'
'Wat dan,' vraagt Rob. Hij droogt zijn tranen.
'Je mag nooit meer iemand plagen!'
Rob denkt na.
'Oké,' zegt hij dan. 'Dat beloof ik.'
Zilver zwaait naar de kinderen.
'Hij belooft het.'

Er klinkt gejuich. Rob mag naar beneden glijden. Hij rent meteen weg.
'Die zien we vandaag niet meer terug,' lacht
een meisje.

5 Daan is weg

Daan is al vroeg wakker. De zon schijnt. Het is warm in de tent. Daan kruipt uit zijn slaapzak.
'Pssst, Zilver,' fluistert hij. 'Ben jij al wakker?'
Zilver draait zich om. Ze kijkt slaperig.
'Eh… wat is er?'
Daan kruipt naar de rits van de tent.
ZOEFFF!
Daan ritst de tent open. De zon schijnt in zijn gezicht.
Daan knippert met zijn ogen. Dan is hij

gewend aan het felle licht.
Er zijn al veel mensen wakker.
'Ik ga eruit,' roept hij. 'Ga je mee?'
Zilver schudt haar hoofd.
'Nee, ik wil nog slapen. Ik ben moe. Het is toch nog vroeg?'
Daan trekt zijn zwembroek aan.
'Het is al zeven uur, hoor!'
Zilver zucht. 'Wat ga je doen, dan? Je mag niet naar papa en mama. Dat hebben we beloofd. Ze zouden ons roepen.'
Daan knikt. 'Weet ik. Ik ga gewoon de boel verkennen. Ik ben straks weer terug.'
Hij kruipt de tent uit.
'Welterusten!' lacht hij.
Even later ritst hij de tent weer dicht. Zilver duikt diep in haar slaapzak.
'Nog even slapen,' zucht ze.

Na een tijdje wordt Zilver wakker. Papa staat bij de tent. Hij roept.
'Zilver... Daan... wakker worden, slaapkoppen.'
Zilver wrijft in haar ogen. Waar is ze? Dan weet ze het weer. Ze ligt in de tent. Ze zijn in Frankrijk.
'Hoe laat is het, pap?' roept Zilver.
'Negen uur,' lacht papa. 'Is Daan ook al wakker?'
Zilver schrikt. Daan? Daan is er niet.
Ze kijkt naar de lege slaapzak.
'Daan is er niet,' roept ze.
Papa kruipt in de tent.
'Is Daan weg?' vraagt hij. 'Waar is hij dan?'
Zilver ziet dat papa het niet gelooft.
Hij denkt dat het een grapje is.
Papa geeft een duw tegen de slaapzak van

Daan. 'Waar is Daantje dan?' lacht hij.
'Daan is echt weg, pap,' zegt Zilver. 'Het is geen grap.'
Papa duwt de slaapzak weg. Hij kijkt verbaasd.
'Hoe kan dat nou?'
Zilver legt het uit. 'Daan was al vroeg wakker. Hij wilde de boel verkennen. Hij zal zo wel weer terug komen.'
Papa kijkt bezorgd.
'Hoe laat is Daan weg gegaan?'
Zilver denkt na. 'Ik weet niet... ik geloof...'
Dan weet ze het. 'Het was zeven uur. Dat zei Daan.'
Papa kijkt op zijn horloge. 'Verdorie, waar is die jongen?'
Papa kruipt de tent uit. Hij loopt naar mama. Zilver ziet dat ze praten.
Papa is boos. Mama niet.
'Daan komt zo wel weer terug,' zegt mama. 'Maak je niet zo ongerust. Hij loopt niet in zeven sloten tegelijk.'
Zilver trekt haar bikini aan. Ze gaat naar de grote tent.
'Hoi, mam,' zegt ze.

'Dag lieverd,' antwoordt mama. 'Heb je lekker geslapen?'
Zilver knikt. 'Ja, lekker.'
Mama zet bordjes op tafel.
'Zal ik helpen?' roept Zilver. Ze haalt de glazen voor de thee.
'Hebben we broodjes?' vraagt ze nieuwsgierig. Ze vond de Franse broodjes gisteren heerlijk.
Mama pakt haar portemonnee. 'Wil jij broodjes halen? De winkel is...'
'Ja, ja,' roept Zilver. 'Dat weet ik wel.'
Ze pakt een tas. 'Tot zo!'

Papa loopt onrustig heen en weer.
'Ik ga Daan zoeken,' roept hij. 'Nu ben ik het zat.'
Mama knikt.
'Dat is goed. Zilver haalt broodjes. Jij zoekt Daan. Dan zal ik kleine Eva uit haar bed halen.'

6 Nog een laatste kans

Zilver loopt het pad af. De winkel is niet ver. Ze weet wel waar de winkel is.
Het is druk in de winkel. Iedereen wil verse broodjes. Zilver wacht netjes op haar beurt. Een mevrouw voor haar neemt twaalf broodjes. Oei, de plank met brood is bijna leeg.
Zilver wiebelt ongeduldig heen en weer.
'Schiet nou op,' denkt ze.
Eindelijk is ze aan de beurt.
'Zenk pistolets,' zegt Zilver in het Frans. Zenk betekent vijf. Dat heeft ze van papa geleerd.

Je schrijft het heel anders. Maar je zegt: zenk.
De mevrouw kijkt naar de plank. Er liggen nog drie broodjes. Ze doet de broodjes in een zak.
'Iel ie aa seuleman twa pistolets.'
Zilver verstaat niet wat de mevrouw zegt. Ze kijkt wat verlegen. Wat zegt die mevrouw nu?
Dan weet Zilver het. Natuurlijk! Ze zegt dat er nog maar drie broodjes zijn. Dat heeft Zilver net zelf gezien.
Zilver wijst op een stokbrood. De mevrouw begrijpt het. Ze pakt een stokbrood.
'Merzie,' zegt Zilver. Dat betekent: dank u wel.'
Ze geeft de mevrouw drie euro.
Nu heeft ze drie broodjes en een stokbrood. Dat moet genoeg zijn voor papa, mama, Daan en...
Zilver denkt opeens aan Daan. Daan is weg! Zou papa Daan gevonden hebben?
Zilver loopt snel terug naar de tent. Ze ziet mama en Eva aan tafel zitten. Mama geeft Eva een hapje pap.

'Is Daan al terug?' vraag Zilver.
Mama schudt haar hoofd.
'Nee. En papa is er ook nog niet. Nu ben ik

twee mensen kwijt.'
Zilver legt het brood in de tent.
'Ze hadden nog maar drie broodjes,' roept ze. 'Ik heb maar een stokbrood gekocht.'
'Dat is prima,' zegt mama. 'Daar redden we het wel mee.'
Zilver komt bij mama en Eva staan.
'Zal ik Daan en papa gaan zoeken?'
Mama lacht.
'Nee, blijf jij maar hier. Straks is iedereen weg.'
Zilver ziet papa in de verte.
'Kijk, daar is papa weer,' roept ze.
Papa is alleen. Hij kijkt boos.
Mopperend gaat hij zitten.
'Die jongen is nergens te vinden. Waar kan hij nu toch zijn? Ik heb overal gezocht. In de speeltuin. Bij het zwembad. Bij het meer.'
Zilver wordt ongerust.
'Hij was ook niet bij de winkel.'
Papa staat op.
'Als Daan straks opduikt, dan zwaait er wat.'
Papa pakt het brood uit de tent.
'Stokbrood?'

Zilver legt weer uit dat de broodjes op waren.
'Ook dat nog,' roept papa. 'Wat een pech allemaal.'
Mama zucht. 'Doe niet zo mopperig. Het is vakantie. We zijn allemaal moe. Daan zal zo wel komen. Hij heeft ook vakantie.'
Papa legt het brood op tafel.
'Ja, dat zal allemaal wel. Maar ik wil wel dat we samen eten. Dat hadden we afgesproken. Ik heb honger. We gaan gewoon eten. Dan eet Daan maar niets.'
Zilver legt bestek op tafel. Ze vindt het zielig voor Daan. Straks is er geen brood meer.

Zilver loopt naar papa.
'Zal ik Daan gaan zoeken? Ik beloof dat ik over vijf minuten terug ben. Als ik Daan niet kan vinden, gaan we eten.'
'Dat is goed,' zegt mama snel. Ze vindt het ook zielig voor Daan.
'Vijf minuutjes,' bromt papa. 'Mijn maag rammelt. Dit is echt zijn laatste kans.'
Zilver knikt. 'Ik doe mijn best.'

7 Gevangen

Zilver rent naar de speeltuin. De kinderen zijn er weer. Rob is er ook.
'Hebben jullie Daan gezien?'
Een paar kinderen schudden hun hoofd.
'Nee,' zegt Rob. Hij is niet meer boos. 'Daan is hier ook niet geweest. En we zijn hier al een hele tijd.'
Zilver denkt na. Waar kan Daan nog meer zijn?
Ze rent naar het zwembad. Maar daar is Daan ook niet.

'Waar ben je nou, Daan,' mompelt ze.
Zilver zoekt de hele camping af. Maar Daan is echt weg.
Ze gaat terug naar de tent.
'En?' vraagt papa.
Maar hij ziet het al. Zilver is alleen.
'Hij is echt nergens,' zegt Zilver. 'Zou er wat gebeurd zijn?'
Nu wordt ook mama ongerust.
'Ik ga naar de receptie,' zegt ze. Haar stem trilt. 'Dit is niet goed. We moeten gaan zoeken.'
Ook papa is niet meer boos. Op zijn voorhoofd zitten rimpels.
Zilver voelt een kriebel in haar buik. Ze denkt opeens aan allemaal erge dingen:

Papa staat op.
'Ik ga wel. Blijven jullie hier wachten. Voor als Daan toch nog komt.'
Zilver en mama blijven aan de tafel zitten. Ze zeggen niets. Ze zijn allebei ongerust. Eva slaat met haar handjes op tafel.
'Daan,' roept ze blij. 'Daan... Daan... Daan...'
Zilver lacht niet. Ze denkt aan Daan.
Samen met mama wacht ze op papa.

Na een paar minuten zien ze papa. En Daan loopt naast hem.
'Daan!' roept Zilver.
Ze rent naar papa en Daan toe.
'Waar was je nou?'

Ze lopen naar de tent. Mama kijkt opgelucht.
'Daar ben je weer,' zegt ze.
Daan kijkt verlegen.
Papa geeft mama een knipoog.
'Daan was gevangen.'
Zilver schrikt. Gevangen?
Daan kijkt sip. Papa lacht.
'Zal ik het maar vertellen,' vraagt papa.
Daan zegt niets. Hij gaat zitten.
Papa legt het uit.
'Onze lieve Daan was gevangen door een leuk meisje.'
Daan krijgt een rood hoofd.
'Niet waar,' zegt hij. 'Ik was niet gevangen. Ik zat gewoon te praten en...'
Zilver snapt het opeens.
'Zit je nu al achter de meiden aan? We zijn hier net een dag.'
Daan kijkt boos.
'Doe niet zo stom. Ik was gewoon op visite.'
Zilver lacht.
'Ben je verliefd?'
Boos loopt Daan de tent in.
'Jullie zijn allemaal stom!'
Zilver ziet dat mama een beetje lacht.

'Ik ben blij dat je er weer bent, Daan!'
Papa vertelt hoe het is gegaan.
'Ik zag Daan opeens bij een huisje staan. Hij praatte met een meisje.'
Mama knikt.
'Het liep gelukkig goed af.'
Papa gaat zitten.
'En nu gaan we eten. Daan... kom je ook?'
Daan komt de tent uit.
'Als jullie niet zo stom doen,' zegt hij.
'Dat beloven we,' lacht papa. 'Ik beloof alles als ik maar mag eten.'
Daan grinnikt. 'O, dan weet ik nog wel iets.'
'Niks daarvan,' zegt mama. 'We gaan nu eten.'

Even later zit iedereen lekker te eten.

8 De geheime hut

'Ze heet Isa,' zegt Daan.
Hij staat met Zilver bij de speeltuin.
'Ze woont in het huis bij de receptie. En ze heeft een hut in het bos gemaakt.'
Zilver is nieuwsgierig.
'Hoe kan dat nou?' zegt ze. 'Woont Isa dan hier?'
Daan knikt.
'Ja, haar vader is de baas van de camping. Hij is Frans. De moeder van Isa komt uit Nederland. Isa praat Frans en Nederlands.'

'Kom, dan gaan we er naartoe.'
Daan wijst de weg. Ze lopen langs de winkel. Achter de winkel is een pad. Zilver loopt achter Daan aan. Dan ziet ze een huis.
'Daar woont Isa,' zegt Daan.
Een meisje komt naar buiten gerend. Ze roept wat in het Frans.
'Hoi,' zegt Daan verlegen. 'Dit is mijn zusje Zilver.'
Het meisje steekt haar hand op.
'Allo, iek ben Isa.'
Zilver vindt dat ze grappig praat. Maar ze verstaat het wel.
'Zullen we naar de hut?' vraagt Daan. 'Mijn zus wil de hut zien.'
Samen lopen ze langs de slagbomen. Ze gaan naar het bos. Isa weet de weg. Ze lopen door struiken. Zilver let goed op waar ze naartoe gaan. Ze wil niet verdwalen.
Dan zijn ze er.
'Daar is de hut,' zegt Daan. Hij wijst omhoog.
Zilver kijkt, maar ze ziet niets.
'Waar dan?'
'Kijk nou eens goed,' zegt Daan.

Dan ziet Zilver een plank.
'Is daar een hut. Maar... hoe kom je daar?'
Isa en Daan wijzen naar een touw. Het touw hangt achter een struik.
'Klimmen,' roept Daan.
Hij doet het voor. Snel klimt hij omhoog langs het touw.
Hij zwaait zijn benen in de hut.
'Zie je wel,' zegt hij. 'Nu jullie.'
Isa gebaart dat Zilver eerst moet.
Zilver pakt het touw. Ze zet haar voeten tegen de boom. Langzaam klimt ze naar boven.
Daan grijpt haar benen. Dan is Zilver in de hut.
Isa komt snel achter haar aan.
'Wat een mooie hut,' zegt Zilver. 'Heb jij die zelf gebouwd?'
Isa knikt. 'Samen met main vader. Niemand weet et.'
Ze kijkt naar Daan.
'Maar Daan ies mijn vriend. Hij mak wel ien de ut. En zijn zuus ook.'

Zilver lacht verlegen. Die Daan! Hij heeft het weer voor elkaar. Meisjes vinden hem altijd heel lief.
'Weet papa van de hut?' vraagt Zilver.
Daan schudt zijn hoofd.

'Tuurlijk niet! Ik heb niets gezegd. De hut is ons geheim. Niemand mag het weten. Dat heb ik Isa beloofd.'

In de verte klinken stemmen.
'Ssst,' sist Isa.
Ze bukken en gluren door de bladeren.
Een paar kinderen lopen door het bos. Daan, Zilver en Isa zijn muisstil. De kinderen lopen nu onder de hut.
Zilver herkent ze wel. Het zijn de kinderen van de speeltuin.
Rob loopt voorop.
'Ik zag ze toch echt het bos in gaan,' zegt hij.
Een meisje draait zich om.
'Je neemt ons weer eens in de maling,' zegt ze. 'Ik ga terug naar de camping.'
Alle kinderen lopen terug. Rob blijft staan.
'Ik zag ze toch echt,' mompelt hij. 'Waar zijn ze nou gebleven?'
Heel even kijkt Rob omhoog.
Daan, Zilver en Isa durven niet te bewegen. Zou Rob hen zien?
Maar dan horen ze voetstappen.

'Hij gaat terug,' fluistert Zilver. 'Hij heeft de hut niet gezien.'
Isa lacht. 'Diet ies ons kuheim,' zegt ze.
Daan en Zilver kijken trots.
Deze vakantie wordt superleuk!

Marion van de Coolwijk

Geboren op 7 mei 1959 in Amsterdam.
Marion woont in Winkel.
Een kleine stad in Noord-Holland.
Daar woont ze samen met haar man Ed,
twee zonen, een hond en wat goudvissen.
Marion is eigenlijk juf.
Maar ze schrijft ook al heel lang boeken.
Haar eerste boek was: *Flippa Flodderhoed* (1988).
Marion maakt ook lesboeken voor scholen.
Ze helpt kinderen die niet zo goed kunnen lezen.
Kinderen met dyslexie.
Daar weet Marion heel veel van.
Ze vertelt erover op scholen.
Ze heeft ook een boek geschreven over dyslexie:
Ik ben niet bom!
Marion heeft al meer dan 100 kinderboeken geschreven.

Kijk maar eens op:
www.marionvandecoolwijk.nl
www.kindinbeeld.nl
www.beeldenbrein.nl

Linda Lee

Geboren op 9 april 1950 in Staines, Engeland.
Een stadje aan de Theems dichtbij Londen.
Linda woont nu in het centrum van Amsterdam dichtbij Artis, waar je goed de aapjes, olifanten en kookaburra's kunt horen.

Linda heeft een tienerdochter, Lisa, twee tienerstiefzoons en twee gekke poezen.
Om de hoek is haar studio die ze deelt samen met haar man, journalist Hans.
Ze gaan vaak op bezoek in Engeland waar Linda's drie zussen wonen.

Linda is in 1972 in Nederland komen wonen.
Zij heeft eerst gewerkt als bezigheidstherapeut: ze deed handvaardigheid met bejaarden.
Later is ze gaan studeren op de Rietveld kunstacademie in Amsterdam. In 1983 studeerde ze af en ze werkt sindsdien als freelance illustrator.
Linda heeft veel geïllustreerd: kinderboeken, schoolboeken, puzzels en tijdschriften.
Ze schrijft graag kinderverhalen en schildert ook.
Meer over Linda en haar illustraties kun je vinden op:
www.lindalee.nl

Van dezelfde auteur zijn verschenen:

School op hol

De juf doet gek
ISBN 90-6056-668-8

Een boef in de school
ISBN 90-6056-669-6

Feest op school
ISBN 90-6056-670-X

Ik ben boos
ISBN 90-6056-671-8

Een aap op het dak
ISBN 90-6056-672-6

Op reis
ISBN 90-6056-673-4

Een school vol dieren

Dieren in nood!
ISBN 90-6056-910-5

De dierendief
ISBN 90-6056-911-3

Klussen voor dieren
ISBN 90-6056-912-1

Dieren in het nieuws
ISBN 90-6056-954-7

Dieren in de klas
ISBN 90-6056-955-5

Hiep hiep hoera!
ISBN 90-6056-956-3

Dieren Alarm!

Hond ontvoerd!
ISBN 90-454-1002-8

Het geheim van de boer
ISBN 90-454-1003-6

Aap ontsnapt
ISBN 90-454-1004-4

Wie is de dief?
ISBN 90-454-1045-1

Olie in het water
ISBN 90-454-1046-X

Poezen op de vlucht
ISBN 90-454-1047-8